AF503891

MÉMOIRE

DU SIEUR CHARLES BOSQUE,

AVOCAT A TABAGO,

ADRESSÉ

A L'ASSEMBLÉE NATIONALE,

Dont l'impreſſion a été ordonnée par l'Aſſemblée générale de la Section de la Bibliothèque, le 21 Décembre 1790.

DEUXIÈME ÉDITION.

A PARIS,

De l'Imprimerie de L. POTIER DE LILLE,
rue Favart, N°. 5.

1791.

MÉMOIRE

ADRESSÉ

A L'ASSEMBLÉE NATIONALE,

PAR le sieur CHARLES BOSQUE, Avocat à Tabago, tant en son nom que comme porteur de la procuration du sieur MARC-ANTOINE FOUQUET, résidant à Tabago, contenant plusieurs chefs d'accusations graves;

CONTRE *le sieur* DE JOBAL, *commandant ladite Colonie en l'absence de M.* DILLON, *Gouverneur;*

ET ENCORE CONTRE, 1º. *le sieur* GILBERT PÉTRIE, *habitant & Juge de la Cour de Chancellerie de ladite isle;* 2º. *le sieur* WIGHTMAN, *Secrétaire de l'Assemblée coloniale de Tabago;* 3º. *le sieur* COUTURIER DU HATON, *Commissaire en la Cour de commission de ladite isle;* 4º. *le frère* PATERNE, *religieux de l'ordre de la charité;* 5º. *le sieur* CARMINUS DE VITA, *habitant de Tabago*

A 2

& navigateur ; 6º. le sieur VIDAL, arpenteur général ; 7º. le sieur WILSON, habitant & juge de la Cour de Chancellerie, tous employés, résidans & domiciliés à Tabago, à l'exception du sieur COUTURIER DU HATON, qui se trouve actuellement à Paris ;

ET DEMANDE en révocation de plusieurs ordres, & cassation, 1º. d'un jugement rendu en la Cour de Chancellerie de Tabago, contre le sieur BOSQUE, en date du 8 Juillet 1789 ; 2º. d'un jugement de la Cour de Commission (établie à Tabago par Sa Majesté, uniquement pour la liquidation des dettes des capitalistes étrangers, avec les habitans de ladite isle), rendu contre le sieur FOUQUET, le 15 Juin même année ; 3º. d'un jugement de la Cour d'Oïer & Terminer, & évacuations des prisons de ladite isle, rendu contre ledit FOUQUET, le 16 Juin 1789 ; 4º. d'un jugement contre le sieur BOSQUE, de la Cour du Gouvernement de ladite isle, du 15 Septembre 1789 ; 5º. d'un autre jugement de la Cour de Chancellerie de Tabago, du 28 Septembre même année, rendu contre le sieur BOSQUE ; 6º. demande en réintégration d'une portion de terre appartenante aux Indiens ou Caraïbes rouges, injus-

tement dépoſſédés en 1789, par le ſieur CAR-MINUS DE VITA, habitant & navigateur de ladite iſle, avec dépens, dommages & intéréts.

MESSIEURS,

Sɪ le devoir d'un citoyen, celui de faire rendre juſtice à des malheureux, l'd'empêcher à l'avenir de pareils abus d'autorité, l'intérêt général & mon honneur injuſtement attaqué, ne me provoquoient à une délation qui, dans tout autre cas, ſeroit odieuſe, je m'interdirois de vous diſtraire des fonctions qui vous occupent ; mais l'honneur & l'intérêt des François, vivans à Tabago, éloignés de dix-huit cens lieues de la capitale, qui n'ont aucun rapport, par l'organiſation intérieure de leur colonie, avec les autres Antilles, ſont des motifs trop puiſſans pour arrêter la démarche qui m'a porté à traverſer les mers ; tous ces motifs, dis-je, & les droits que donne la nouvelle conſtitution, de ſe conſidérer comme partie d'un grand tout, qui ne peut avoir de force que par l'enſemble qui le compoſe, m'obligent de dénoncer à votre auguſte tribunal M. de Jobal, commandant à Tabago (en l'abſence de M. Dillon, gouverneur),

comme coupable d'abus d'autorité repréhenfible &
fans exemple, dont l'affemblée nationale feule
peut prendre connoiffance. Le fieur de Jobal,
étant un des agens du pouvoir exécutif, & ref-
ponfable de fa conduite devant vous. . . . . oui,
j'ofe le dire, être unique exiftant dans cette colonie qui eut affez de courage pour lui oppofer
une barrière ; victime mille fois pour une, toujours
irréprochable dans l'étendue de mes devoirs, fi
je ne parvenois pas à déraciner le crime, du
moins, en fouffrant avec fermeté, & m'expofant
le premier aux fureurs d'une barbarie fans exemple,
je le diminuois. Quoi ! dira-t-on, fouffrir fans fe
plaindre ! n'oppofer que la loi à un defpote effréné
qui n'a de principes qu'une volonte arbitraire !
Hélas ! j'adreffai, en 1789, au miniftre de la
marine, un mémoire par *duplicata*, concernant
un jugement rendu par M. de Jobal, à une féance
de la cour de chancellerie, auffi abfurde qu'inique,
qui m'enlevoit 2000 livres tournois d'appointemens
annuels, & 4000 livres juftement acquifes, ainfi
que mon état. Ce mémoire eft demeuré fans
réponfe.

Le procureur général de Tabago, qui, depuis
long-temps, gardoit le plus morne filence, fut
forcé, par la clameur publique, de remplir les
devoirs de fon miniftère. Ne pouvant arrêter la

tyrannie, il en inftruifit le miniftre de la marine.
Quel fort ont eu fes mémoires ? Je l'ignore.

O mes concitoyens ! votre bien, votre état,
votre fortune, votre liberté, deviennent la proie
d'un orgueilleux defpote !... Eloignés de la capitale, vos gémiffemens n'y peuvent parvenir que par
la voie du miniftère public, & vous êtes oubliés...
Eft-ce dans le fiècle de la liberté françoife que
de pareils abus feront tolérés ? Non, ils fubiront
le fort qu'ils méritent.

Nos repréfentans, animés de l'efprit qui fait
admirer le François par les autres nations, jetteront
un œil favorable fur les juftes accufations que je
foumets à leurs lumières : chargés de grands travaux, les moindres ne feront point oubliés. Eh !
comment le feroient-ils ? Ifolés fous un autre hémif-
phère, nous n'en fommes pas moins des hommes
François, Ce titre nous donne droit de participer
à la nouvelle conftitution. ... Auffi n'héfitons
pas de le croire ; nos biens nous feront remis ;
notre état, injuftement enlevé, nous fera rendu ;
notre honneur, indignement flétri, fera réparé,
ainfi que les pertes éprouvées fous l'arbitraire d'un
homme abfolu : tel eft l'efpoir qui m'anime ; tel
eft celui de tous François.

Veuillez donc, Meffieurs, regarder mes accufations & mes doléances avec les yeux d'un juge

(8)

févère : fi, portées injuſtement, elles attirent votre
animadverſion, puniſſez l'accuſateur avec cette
rigidité qui doit, au ſein de la liberté, faire
trouver le repos, qui ne ſauroit exiſter, ſi les
délations mal fondées n'étoient punies : mais ſi,
au contraire, mes accuſations ſont prouvées, don-
nez un exemple à la nation, qui avertiſſe les agens
ſubalternes du pouvoir exécutif, que, reſponſables
de l'exécution des loix, ils ſont doublement cou-
pables, en abuſant de l'autorité qui leur eſt confiée.

PREMIER CHEF D'ACCUSATION.

*Empriſonnement illégal & injuſte du ſieur Ruthie,
habitant de Tabago ; violation d'un acte du
parlement Britannique, connu ſous le nom
d'habeas corpus, & empriſonnement des ſieurs
Lefebvre, ſolliciteur général, & Boſque,
avocat.*

FAITS.

EXERÇANT à Tabago la profeſſion d'avocat
depuis 1787, je me conſidérois comme appartenant
au public : mon ſerment m'étoit toujours préſent,
& dès l'inſtant qu'un malheureux, un opprimé
imploroit mon miniſtère, je ne voyois que mes
obligations ; reſpectant les ſupérieurs, je n'en étois

pas moins inflexible, lorfque la veuve, l'orphelin, en un mot, le citoyen, fe trouvoient victimes de vexations odieufes : on n'aura pas de peine à fe perfuader que cette conduite ne déplût infiniment à M. de Jobal, qui fe trouva, en l'abfence de M. Dillon, gouverner cette colonie.

Plufieurs perfécutions, éprouvées antérieurement à mes accufations, me déterminèrent à me munir de pièces qui prouvaffent les abus d'autorité, fi leur continuité me forçoit d'adreffer mes doléances à la capitale.... Ce temps ne tarda pas d'arriver.

Le 26 mai 1788, le fieur Ruthie ayant acheté vingt-une aunes de toile d'une négreffe appartenant à la dame Tharode, boulangère à Tabago, celle-ci prétendit que fa négreffe avoit vendu la toile à quelques fous de moins que fes ordres, & de but en blanc vint infulter l'acquéreur.

Le fieur Ruthie fe contenta de lui répondre qu'il avoit acheté d'une marchande publique, & payé le prix convenu ; mais que toutes fes raifons ne l'empêcheroit pas de lui donner le montant de fa petite réclamation, fi elle s'y prenoit honnêtement : la dame Tharode porta fes plaintes, & M. le commandant, fans entendre les parties, fit mettre le fieur Ruthie en prifon & aux fers.

Les loix angloifes, régiffant la colonie de Tabago, me portèrent, conjointement avec feu le fieur Lefebvre, en fon vivant folliciteur général de ladite ifle, à invoquer pour ce prifonnier l'acte d'*habeas corpus*, fi célèbre en Angleterre, afin que ledit fieur Ruthie fût traduit devant des juges compétens, & là, fon emprifonnement jugé légal ou non. Mon zèle, loin d'attirer l'exécution de la loi, fut récompenfé par mon emprifonnement & celui de mon collègue (1).

DEUXIÈME CHEF D'ACCUSATION.

Infraction aux règles de la cour de chancellerie, & à un acte de la légiflation de Tabago, qui l'établit. Privation injufte de ma place de député-fecrétaire de l'affemblée coloniale de Tabago, & d'une fomme de 4000 liv. tournois, par un jugement partial en faveur du fieur Wightman.

FAITS.

LE 5 février 1788, je fus nommé député-fecrétaire par unanimité des fuffrages de l'affemblée coloniale de l'ifle de Tabago (établie par une ordonnance de MM. les adminiftrateurs de ladite

---

(1) Les preuves relatives à cette accufation, font contenues à la liaffe n°. 1, fous les cotes A, B, C, D, E.

ifle, du 21 octobre 1787, & fanctionnée par fa majefté, fuivant une lettre de M. de la Luzerne, miniftre de la marine, du 7 août 1788), afin que je fuppléaffe à l'inexpérience du fecrétaire de ladite affemblée, qui, ne connoiffant pas affez la langue françoife, fe trouvoit hors d'état d'en remplir les fonctions.

Je m'acquittois avec zèle & l'approbation de la colonie, des devoirs de ma place : à l'iffue de deux affemblées, je demandai la moitié des honoraires dévolus au fecrétaire, ainfi qu'une autre fomme de 2762 liv., qui m'étoit due par ledit fecrétaire ; celui-ci refufa. Procès intervint, & M. de Jobal, s'arrogeant, avec le fieur Pétrie (1), tous les droits de la cour de chancellerie, où cette affaire fut portée, fe permit de condamner, le 8 juillet 1789, le fieur Wightman, fecrétaire, à payer feulement le quart de la fomme réclamée, alloua le compte non contefté, & m'enleva mon état, que je tenois du vœu général de l'affemblée coloniale de Tabago (2).

Le fieur Wightman, ma partie adverfe, fut fi

---

(1) Le fieur Pétrie, habitant de Tabago, eft un des juges de la cour de chancellerie de cette ifle.

(2) Les preuves de ces faits font contenus à la liaffe n°. 2, fous les cotes A, B, C, D, E, F, G, H.

honteux d'un prononcé auʃʃi injuʃte, qu'il m'offrit 1650 liv. de plus, ce que je refuʃai, & leʃdits offre & refus furent inʃcrits au bas dudit juge-ment (1).

Le ʃieur Wightman, profitant, ʃix mois après, d'un moment où je me trouvois en proie à la fureur ariʃtocratique, & forcé de ʃubir la loi du plus fort, m'obligea de lui donner quittance (2).

TROISIÈME CHEF D'ACCUSATION, ET DEMANDE EN CASSATION,

1°. *D'un jugement de la cour de commiʃʃion de Tabago, du 15 juillet 1789 ; 2°. d'un juge-ment inique de la cour d'Oïer & Terminer, & évacuations des priʃons de ladite iʃle, au nom & comme porteur de la procuration du ʃieur Marc-Antoine Fouquet, employé dans les bu-reaux de ʃa majeʃté en l'iʃle de Tabago.*

JAMAIS juge ne ʃe permit l'arbitraire plus ou-vertement que ne le fit dans cette cauʃe M. de

____

(1) Le ʃieur Grelier, commiʃʃaire des colonies, qui ʃiégeoit à la place de M. l'ordonnateur à cette cour extraordinaire, indigné d'une pareille injuʃtice, refuʃa de ʃigner, & ʃe retira.

(2) La preuve de ce fait inique de la part du ʃieur

Jobal. Décharger un coupable, eſt une injuſtice; mais condamner un innocent, pour ſouſtraire le coupable, eſt une atrocité; interdire aux juges d'en prendre connoiſſance, à l'opprimé de parler, & à l'avocat de le défendre, n'eſt-ce pas le comble de toutes les horreurs? C'eſt cependant ce qui ſe rencontre dans ce troiſième chef d'accuſation; auſſi le ſieur Fouquet élève ſa voix vers vous, Meſſieurs; il réclame la caſſation de deux jugemens qui le privent injuſtement de la qualité de citoyen actif: rendez-lui l'honneur, Meſſieurs, c'eſt le plus cher apanage du François, & puniſſez l'abus d'une autorité ſans exemple, c'eſt le vœu général, c'eſt le cri de l'homme : nous oſons l'eſpérer.

FAITS.

Le 12 juin 1789, le feu ſieur Lefebvre, en ſon vivant ſolliciteur général à Tabago, en vertu des droits de ſa place, fit aſſigner, pour comparoître devant lui, le ſieur Marc-Antoine Fouquet, pour venir dire & dépoſer vérité ſur les faits dont il ſeroit enquis; le ſieur Fouquet, s'étant rendu au vœu de

---

Wightman, eſt conténue à la liaſſe nº. 2, ſous la cote I. Il eſt à croire que le ſieur Wightman n'a fait cela qu'à la ſollicitation de M. de Jobal.

la loi, & interrogé fur la nature d'un vol qui
avoit été fait à la fucceffion du père Donatien
Merlo, frère de l'ordre de la charité, en fon vivant
fupérieur de l'hôpital de Tabago, dont le bruit
public accufoit le fieur Couturier du Haton, actuellement à Paris ; ledit Fouquet, dis-je, dépofa
des faits qui chargèrent ledit Couturier & le frère
Paterne, religieux de l'ordre fufdit de la charité.

Le fieur Couturier, inftruit de cette dépofition,
intrigua fourdement auprès de M. de Jobal, pour
arrêter une inftruction qui ne pouvoit que lui de-
venir funefte.

M. de Jobal, voulant protéger ledit Couturier
du Haton, & donner une apparence de légalité
à l'infraction des loix, qu'il fe propofoit de ne
point refpecter, s'imagina de convoquer une cour
de commiffion (établie uniquement pour la liquidation des dettes des habitans de la colónie, avec
les capitaliftes étrangers), dont ledit Couturier
du Haton étoit membre ; & là, le 15 du même
mois de juin, aidé d'un fieur Dangleberme, com-
miffaire en ladite cour, M. de Jobal s'avifa de
mander le fieur Fouquet, *&, fans l'entendre,
le fit condamner comme calomniateur, déchargea
ledit Couturier du Haton de l'accufation, fans
que celui-ci eût fourni la moindre preuve de fon
innocence, & ordonna en outre l'impreffion de*

cinquante exemplaires d'un jugement aussi indigne, qui furent affichés aux dépens dudit Fouquet.

Le sieur Fouquet, hors du palais, court, tout éploré, chez moi, & m'expose l'infâmie qu'il vient de subir injustement, implore mon secours...... Révolté d'un pareil abus d'autorité sans exemple, je lui dictois une requête, pour être présentée le lendemain, 16 du même mois, à la cour d'Oïer & Terminer, qui devoit tenir sa séance, par laquelle j'exposai les faits ci-dessus, & le fis protester de nullité & d'incompétence dudit tribunal, en réclamant la cassation dudit jugement.

M. de Jobal, averti que le sieur Fouquet avoit eu recours à moi, n'eut plus de frein, & voici l'ordre qu'il eut l'indignité de signer : *Je défends au sieur Bosque d'appeler du jugement rendu hier à la commission, n'ayant pas pris mes ordres, & devant respecter ce que cette cour a décidé, & au sieur Fouquet de se taire, devant être très-heureux de la douceur de ce jugement, & j'invite MM. les jurés à ne pas le recevoir en plainte, cette affaire étant terminée par MM. les administrateurs & conseillers du roi, etablis pour la liquidation des dettes de l'isle de Tabago, envers les étrangers. Port-Louis, 16 juin 1789.*

Signé le chevalier de JOBAL.

Le sieur Fouquet, commandé par l'honneur,

malgré cet ordre, eut assez de courage pour pré-senter sa requête. Qu'en arriva-t-il ? *Que les grands-jurés, asservis au despote, refusèrent d'en prendre connoissance ; & les juges, enchérissant sur la barbarie de M. de Jobal, ou effrayés des suites qui pouvoient en résulter, ordonnèrent, sans entendre ledit Fouquet, que sa requête fût déchirée ; & à titre, disent-ils, de grace,* le CONDAM-NÈRENT A DEMANDER PARDON, A GENOUX, A UNE DES SÉANCES DE LA COUR DE COM-MISSION (1).

QUATRIÈME CHEF D'ACCUSATION.

Abus d'autorité.

F A I T S.

MALGRÉ que les gouverneurs des colonies ne puissent s'immiscer dans aucune affaire contentieuse, civile ni criminelle, regardant les habitans, M. de Jobal se permettoit, sur la moindre réclamation, de donner ordre de payer ou de garder prison ; & lorsqu'il se trouvoit des obligations, il prévenoit avant l'échéance qu'il seroit impitoyable (2).

____

(1) Pour la preuve de ces faits, voyez les pièces A, B, C, D, E, F, contenues dans la liasse n°. 3.

(2) Les preuves de cette accusation sont contenues aux liasses n°s. 1 & 3, sous les cotes C & D.

CINQUIÈME CHEF D'ACCUSATION.

Autre abus d'autorité.

FAITS.

M. de Jobal ayant mandé le fieur de Saint-Léger, tréforier de la colonie de Tabago, celui-ci fe rendit à fes ordres, & fut très-étonné de s'entendre demander une pièce de comptabilité, qu'il venoit de recevoir de l'ordonnateur chargé des finances de fa majefté.

Le fieur de Saint-Léger repréfenta à M. de Jobal qu'il ne pouvoit s'en deffaifir fans enfreindre fes devoirs ; le commandant, irrité de trouver de l'oppofition à fes vues, l'infulta ; le fieur de Saint-Léger crut alors que le meilleur parti, pour fe fouftraire aux injures que lui difoit M. de Jobal, étoit de fe retirer ; mais à peine fut-il rentré chez lui, qu'il vit arriver le commandant, avec quatre fufiliers & un caporal, & qui de nouveau lui fit demande de cette pièce ; fur un fecond refus, il fait entrer la garde chez ce citoyen, en préfence de deux témoins qui fe trouvoient chez le fieur de Saint-Léger, le fait fouiller, lui enlève cette pièce défirée ; & non content de fes recherches, entre dans fon cabinet, & ne ceffe fes perqui-

B

fitions qu'après avoir fureté dans la chambre du fieur de Saint-Léger (1).

SIXIÈME CHEF D'ACCUSATION, ET DEMANDE EN CASSATION,

1°. D'un jugement de la cour du gouvernement de Tabago, du 25 septembre 1789, qui interdit l'avocat Bofque, ainfi que d'un jugement de la cour de chancellerie de ladite ifle, du 28 septembre même année, qui ordonne la radiation du nom de cet avocat du tableau de toutes les cours exiftantes à Tabago.

L'ON a vu jufques à préfent le defpote enlevant l'honneur, l'état & la liberté des citoyens, fans refpect pour la loi, la maîtrifer ainfi que les juges, qui tous ont plié fous la verge de fer, dans la crainte d'être victimes de fes fureurs.

Je fuis donc le feul de ma profeffion qui puiffe s'écrier : fans cette foible réfiftance, quels font les maux qu'euffent éprouvé mes concitoyens?

Les mémoires envoyés par M. de Chancel, procureur général de Tabago, au miniftre de la marine, prouveront cette vérité.

____

(1) La preuve de cet abus d'autorité eft contenue dans la liaffe n°. 5, fous les cotes A & B.

FAITS.

LE sieur Alexandre Lyon, habitant de Tabago, obtint, le 15 août 1787, de MM. Dillon & Roume de Saint-Laurent, administrateurs de la colonie de Tabago, la concession d'un terrein, faisant partie du lot, n°. 30, situé dans la paroisse Saint-Louis, division du nord-est de l'isle susdite, quartier de Man-of-war-bay, & contenant cent soixante-quinze acres de terre, à la charge d'y faire ériger des bâtimens, & de cultiver un tiers de ladite concession dans le terme accordé aux concessionnaires, sauf les réserves usitées, & encore à la charge par lui de payer une somme de 3960 livres, argent des colonies, au fondé des pouvoirs des héritiers de la succession Fizel ; cette concession fut enregistrée le même jour au greffe du gouvernement, & le premier septembre suivant au greffe public de l'isle (1).

Le sieur Lyon cultiva sa nouvelle terre en entier, fit ériger des bâtimens, & paya la somme de 3960 livres, non compris les autres charges auxquelles sont sujets les propriétaires du terrein.

---

(1) Voyez les pièces sous les cotes A & B, n°. 7, à la liasse n°. 6.

En 1789, le sieur Carminus de Vita, navigateur, acheta une portion de terre, limitrophe de celle du sieur Lyon, qui avoit été concédée au sieur Jorna, parent ou allié de M. de Jobal; & le même arpenteur Vidal, qui avoit mis, dès le 12 octobre 1787, le sieur Lyon en possession de son terrein (1), s'avisa, le 17 février 1789, sans appeler ledit sieur Lyon, de faire un nouvel arpentage, & de titer une ligne qui enlevoit audit concessionnaire quarante-quatre acres de terre cultivées, sur lesquels se trouvoient les cases de ses nègres, & ce pour en gratifier ledit sieur de Carminus de Vita, qui avoit acheté du parent de M. le commandant.

Le sieur Lyon, légalement en possession, non-seulement parce qu'il possédoit, mais par droit de culture, d'acquisition, & suivant les bornes qui lui furent désignées par ce même Vidal, crut devoir se pourvoir, le 21 février 1789, par le ministère de Me. Lefebvre, avocat, devant MM. les administrateurs de ladite isle, afin d'empêcher que le sieur Carminus de Vita ne vînt cueillir son coton & s'emparer de son terrein.

M. Roume de Saint-Laurent, qui se trouvoit le seul alors des administrateurs dans l'isle, répondit

____

(1) La preuve de cette mise en possession se trouve sous la cote A, à la liasse nº. 6.

à cette requête de la manière la plus fage, établit des juges, & les autorifa à défendre provifoirement auxdits Carminus de Vita & Vidal, de troubler en aucune manière le fieur Lyon dans la jouiffance du terrein qui lui avoit été concédé (1).

Le 25 du même mois, le fieur Lyon préfenta fa requête devant le nouveau juge, en conformité de l'ordonnance de M. l'ordonnateur; & après diverfes formes & procédures, obtint un jugement provifoire, qui parut, pendant quelques temps, lui rendre fa tranquillité (2).

Mais il étoit dit que le fieur Vidal, qui venoit d'être interdit de fes fonctions d'arpenteur, fur une accufation de faux, par deux jugemens de la cour du gouvernement, des 2 & 5 juin 1789, & que les grands-jurés avoient mis fous l'inculpation de la loi, feroit, le 16 juillet même année, au mépris de cette même loi, qui protège l'innocent & punit le coupable, réintégré dans fes fonctions par le fieur Dangleberme, fous des prétextes fpécieux, allégués par le fieur Fontallard, ingénieur du roi à Tabago.

Dès l'inftant que le fieur Jobal crut avoir réintégré dans fes fonctions ledit arpenteur, il lui donna

____

(1) Voyez la pièce cotée C, n°. 8, à la liaffe n°. 6.
(2) Voyez la pièce cotée D, n°. 9, à la même liaffe.

ordre de mettre en poſſeſſion le ſieur Carminus de Vita , ſon protégé.

Le ſieur Vidal , en vertu de cet ordre , ſe tranſporte , le 14 août même année , ſur le terrein du ſieur Lyon , ſomme des voiſins , & rappellant une opération qui avoit été faite à ce ſujet par le ſieur Fontallard , enlève audit ſieur Lyon *leſdits quarante-quatre acres de terre plantés en coton , que ce même arpenteur , par ſon procès-verbal du 22 octobre 1787 , avoit déſignés appartenir au ſieur Lyon, & ſe permet de fixer arbitrairement les dommages que doit recevoir l'opprimé pour l'envahiſſement de ſa propriété* (1).

Le ſieur Moor , porteur de la procuration du ſieur Lyon , ayant reçu ſignification de cette miſe en poſſeſſion , vint requérir mon miniſtère.

Je crus , malgré le deſpotiſme régnant à Tabago , ne pouvoir me refuſer à une demande auſſi juſte , & à laquelle mon état m'obligeoit ; en conſéquence , le 14 ſeptembre 1789 , je le fis proteſter contre un acte d'autorité ſans exemple , qui menaçoit tous les colons de Tabago d'être fruſtrés de leurs poſſeſſions terriennes. Ces proteſtations ſont dans les termes les plus honnêtes , & ne citent

______

(1) Voyez les pièces cotées E , F , G , H , I , n°. 10, 11 , 12 , 13 , 14 , à la liaſſe n°. 6.

mêmé pas l'auteur de l'envahiffement de cette propriété (1). Qui l'eût dit, néanmoins, que ce M. de
Fontallard oferoit fe déclarer pour être le complic
du defpote ? C'eft cependant le tableau que vous
préfentera la lettre qu'il écrivit, le 15 du même
mois , à mon client (2) , par laquelle il menace
le fieur Moor., ainfi que moi, de la prifon, s'il
ne fe défifte de fes prétentions; c'eft-à-dire, cédez
votre bien, ou facrifiez votre liberté ; enfreignez
vos devoirs; renoncez à votre ferment , ou prenez
des fers.

Mon client, fur cettte lettre, m'ayant demandé
mon avis, je lui répondis que la fougue pouvoit
fe calmer, & qu'il convenoit de ne rien faire
jufqu'à nouvel ordre; mais quelle fut ma furprife,
lorfque j'appris, par la voie publique, que M. de
Jobal fe propofoit de m'interdire de mes fonctions !
Dès l'inftant, je cours au greffe public de Tabago,
je requiers le greffier, devant deux juges de paix,
de recevoir mes proteftations (3); à peine font-
elles reçues, qu'un exempt de maréchauffée vient
me fignifier que M. de Jobal me demande; je me

_____

(1) Voyez la pièce fous la côte I, n°. 15, à la
liaffe n°. 6.

(2) Cette lettre eft à la liaffe n°. 6, fous la cote
L, n°. 6.

(3) Voyez la cote M, n°. 17, à la liaffe n°. 6.

-rends à fes ordres. Nouveau motif de furprife, en entrant dans la falle de l'hôtel de ce commandant, je vois une affemblée de quatorze ou quinze adulateurs, une table au milieu de la falle, à laquelle font affis M. de Jobal & M. Fadeuilhe, qui prennent le titre, *l'un de cour de gouvernement & l'autre de greffier; & là, à eux feuls, & avant que je puiffe me faire entendre, on me fait lecture d'un jugement qui; fuppofant que j'ai manqué de refpect à M. le commandant dans les proteftations du fieur Lyon, m'interdit de mes fonctions d'avocat pour fix mois.*

Je m'approche refpectueufement de la table; je repréfente, avec la plus grande modération, que je ne pouvois me difpenfer de décliner la jurifdiction comme illégale & incompétente, & de protefter de tous dépens, dommages & intérêts contre un jugement qui offroit à tous les citoyens le plus funefte avenir.

M. de Jobal ne répond que par : vous êtes un infolent, & l'on n'a que faire de vos proteftations; je les réitère & demande acte de mes dires : fur un nouveau refus, je protefte du déni de juftice ; tout eft égal pour lui, il n'en fait aucun cas, & m'ordonne de fortir de chez lui (1).

____

(1) Ce jugement eft contenu fous la cote N, nº. 18, à la liaffe nº. 6.

Le 28 septembre suivant, la cour de chancellerie siégeant, je crus devoir m'y présenter, sous l'es-
poir que M. le commandant, président *la cour
de chancellerie, seroit plus conséquent & plus juste
que M. de Jobal, composant la cour du gouvernement;* mais l'appareil d'une cour, sa publicité,
en un mot rien de ce qui peut surprendre l'arbitraire
d'un juge à qui il reste encore quelques restes de
pudeur, ne put le faire rentrer dans les bornes
prescrites par la loi; & loin de m'ecouter, il ne me
permit pas même d'ouvrir la bouche; son premier
mot fut d'insulter à ma conduite, sans en dire les
raisons, de vouloir associer à ces inconséquences
M. l'ordonnateur, de taxer de hardiesse ma com-
parution à ce tribunal, & de demander s'il n'avoit
pas le droit à lui seul d'ordonner la radiation de
mon nom sur la liste des avocats de cette cour.

L'ordonnateur désavoua authentiquement l'imputation qui venoit de lui être faite, établit mes
droits, ceux des citoyens; demanda, au nom du
roi, la justice qui m'étoit due, & protesta contre
tout ce qui se feroit de contraire.

Le procureur général de sa majesté ayant requis,
au nom du roi, d'être entendu, demanda que les
motifs de mon expulsion fussent déduits : tout fut
inutile.

Le sieur Wilson, un des juges de ladite cour,

voulant feconder baffement ce commandant , commença à pofer en fait , *qu'il ignoroit mon affaire, mais que fon opinion étoit que M. le commandant avoit le pouvoir, comme chancelier, de m'interdire, en déduifant fes raifons.*

Il y en eut affez : M. de Jobal, ne refpeâant ni les inftruâions de S. M. B., ni celles de S. M., ni les ordonnances , ni les règles de la cour de chancellerie, foumit tous les ordres du roi & la marche judiciaire à l'opinion de l'adulateur qui venoit de le feconder ; *& fatisfait de fa nouvelle qualité de chancelier, en prend le titre ; & d'après cette affertion, me défend d'exercer mon miniftère, fous peine d'être chaffé de l'ifle, comme rebellion à fes ordres.*

L'ordonnateur & le procureur de fa majefté proteftèrent de nouveau contre cette violation du droit naturel & civil , fous toutes les réferves ufitées.

Profitant alors d'un moment où M. le commandant rédigeoit fon jugement , je demandai qu'il fût fait une enquête de mes vie & mœurs ; cette requifition m'ayant été refufée , obligea M. l'ordonnateur & le procureur général d'en folliciter de nouveau la demande ; & fur un refus de la part de M. de Jobal , ils en requirent aâe , qui fut infcrit fur ledit jugement.

Ici M. le commandant, ne fachant qu'alléguer ,

finit par dire qu'il ne devoit aucun compte de sa conduite, ni de ses raisons à personne, qu'au roi seul (1).

SEPTIÈME CHEF D'ACCUSATION,

Concernant les Indiens de Tabago.

LA réclamation que je vais soumettre à l'assemblée nationale, contenue dans ce septième chef d'accusation, ne peut être regardée que favorablement de la part des représentans d'une nation libre; & quoique je n'y paroisse qu'en qualité d'un simple citoyen, dont l'objet lui est indirect, elle me paroît devoir l'intéresser spécialement.

FAITS.

M. de Jobal, en vertu des pouvoirs que S. M. avoit transmis à M. Darot, gouverneur de la colonie de Tabago, dont il étoit le représentant par intérim, donna, le 24 août 1784, un titre

______

(1) Voyez, pour la preuve de ces faits, la pièce sous la cote O, n°. 19, qui ne sauroit manquer d'être examinée par sa singularité; & la pièce sous la cote P, n°. 20, qui constate mon serment pris à la cour de chancellerie de Tabago. Ces deux pièces sont contenues à la liasse n°. 6.

de conceſſion à ſept familles d'Indiens, connus ſous la dénomination de Caraïbes rouges, aux Antilles, de telles portions de terre que leſdits Caraïbes pourroient cultiver, pour en jouir paiſiblement ſous la protection ſpéciale du gouvernement à Tabago (1).

C'étoit rendre à ces indigènes une partie de leurs biens; c'étoit le chef, ſans paſſion, qui paroiſſoient avoir agi; en conſéquence, les Indiens prirent poſſeſſion, à la paroiſſe Saint-Louis de Man-of-way-bay à Tabago, d'une certaine quantité de terre inculte qu'ils mirent en valeur, & en demeurèrent paiſibles poſſeſſeurs juſqu'en 1789, que le ſieur Carminus de Vita, prétendant qu'ils ſe trouvoient ſur la terre concédée au ſieur de Jorna, que ledit Carminus avoit achetée, les chaſſa, ſans même leur laiſſer enlever les vivres qu'ils avoient plantés, ni même leurs caſes, quoique ces Indiens poſſédaſſent antérieurement à la conceſſion du ſieur Jorna, ſoit par droit de poſſeſſion, de culture & de conceſſion.

Le 10 octobre même année, Louis Radiguois, nouveau converti, & chef de cette peuplade, vint implorer mon ſecours; je l'adreſſai à un de mes confrères, qui, craignant le deſpotiſme de M. de

____

(1) Voyez la pièce A, n°. 1, à la liaſſe n°. 7.

Jobal, n'ofa entreprendre la défenfe de ces mal-heureux. Quoique M. de Jobal m'eût enlevé le droit d'exercer ma profeffion d'avocat à Tabago, je ne pus voir avec indifférence les réclamations de ces Indiens ; & faifant un dernier effort en faveur des opprimés, j'écrivis à ce commandant (1) : ma lettre demeura fans réponfe ; mais ayant été préfentée par cet Indien, je lui confeillai de faire fa dépofition devant un juge de paix, afin d'en conftater la remife & le déni de juftice (2).

Moyens qui conftatent que, dans aucun cas, M. de Jobal ne pouvoit fe permettre de tels abus d'autorité.

IL ne me feroit pas difficile de prouver à chaque pas, contre ce commandant, nullités, incompé-tences, illégalités, dénis de juftice, violation des loix & du droit des gens ; mais les mémoires qui feront vraifemblablement préfentés par M. le pro-cureur général de Tabago, à l'affemblée nationale, m'éviteront des citations qu'il aura déjà faites : je me permettrai néanmoins différentes queftions à

---

(1) Cette pièce fe trouve fous la cote C, n°. 2, à la liaffe n°. 6.

(2 Voyez la même liaffe à la pièce cote D, n°. 3.]

l'appui des chefs d'accufations contre le fieur de Jobal & fes complices.

PREMIÈRE QUESTION.

M. de Jobal pouvoit-il, en qualité de gouverneur, ordonner l'emprifonnement des fieurs Ruthie, Lefebvre & Bofque ?

Les gouverneurs, dans les feules ifles où il exiftoit des milices coloniales, pouvoient, à titre de punition militaire, ordonner la prifon, pendant vingt-quatre heures, à un habitant ; mais à Tabago, où il n'en exiftoit pas, ils étoient privés de ce droit, & il leur étoit défendu de s'immifcer dans toutes les affaires contentieufes, civiles ou criminelles, regardant les habitans defdites ifles, fous peine de dix mille livres d'amende, & de tous dépens, dommages & intérêts. Arrêt du 21 mai 1762, concernant les bornes du pouvoir militaire aux colonies. Voyez auffi l'ordonnance du 10 décembre 1759.

DEUXIÈME QUESTION.

LES fieurs Lefebvre & Bofque, en qualité de jurifconfultes, ayant invoqué l'acte de l'*habeas corpus*, M. le commandant pouvoit-il refufer leurs demandes fans enfreindre la capitulation de S. M. avec fes nouveaux fujets de Tabago ; capitulation

qui leur conferve les loix angloifes , & fans contre-
venir aux inftructions de S. M. données à MM. le
comte Dillon & Roume de Saint-Laurent , adminiftrateurs de ladite colonie ?

Nous nous difpenferons de rapporter ici le précis
de la capitulation de Tabago , ainfi que les inftructions de S. M. à fes gouverneurs , pour le maintien provifoire de cette même capitulation ; mais il
n'eft pas inutile d'obferver que les loix angloifes ,
confervées à Tabago , foumettoient entièrement
M. de Jobal à l'exécution de la loi invoquée ,
d'autant qu'il ne s'agiffoit que de faire venir le prifonnier devant le premier juge du banc du roi, fous
bonne efcorte , & là fon emprifonnement être jugé
légal ou non.

TROISIÈME QUESTION.

M. de Jobal ayant fait emprifonner les fieurs
Lefebvre & Bofque , pour avoir invoqué l'acte
d'*habeas corpus* , ne s'eft-il pas rendu coupable
de déni de juftice & d'une violation directe aux
droits des gens ? & ne doit-il pas des réparations
civiles ?

De tous temps , les loix ont été les barrières qui
s'oppofoient à l'arbitraire : fans loix , plus de fo-
ciété civile , plus d'harmonie , plus de frein pour
celui entre les mains de qui le pouvoir réfideroit :

l'Afie même offre des loix & des ufages ; nul peuple qui n'en ait, nulle puiffance qui ne les refpecte. Le fieur de Jobal, exclufivement, n'a fuivi à Tabago que fa paffion ; il eft donc coupable, non-feulement de déni de juftice, mais d'avoir violé cette même loi, où le malheureux trouvoit encore quelquefois un refuge contre la tyrannie ; auffi, dès l'inftant que la loi d'*habeas corpus* étoit violée, les juges du banc du roi, en Angleterre, non-feulement tenoient ftriétement la main à la venger ; mais fur la moindre infraétion de cette loi, ils ordonnoient & ordonnent toujours des réparations civiles, qu'ils évaluent à des fommes confidérables.

DEUXIÈME CHEF D'ACCUSATION.

Affaire du fieur Bofque contre le fieur Wightman, fecrétaire de l'affemblée coloniale de Tabago.

PREMIÈRE QUESTION.

M. de Jobal, affifté de M. Gilbert Pétrie, pouvoit-il fe permettre de rendre un jugement en la cour de chancellerie de Tabago ?

Quoique la cour de chancellerie de Weftminfther, en Angleterre, ne foit compofée *que d'un feul juge, celle de Tabago l'eft de trois : mais ces trois juges devenant indivifibles comme repréfentans le chancelier d'Angleterre, il eft abfolument néceffaire que*

le

le concours des trois membres ſoit réuni pour avoir force de jugement; ainſi, qu'il eſt néceſſaire, pour les jugemens par jurés, que toutes les voix des douze petits-jureurs n'en faſſent qu'une; d'ailleurs cette vérité eſt prouvée à la ſuite des inſtructions de S. M., du 3 juin 1789, par un extrait de l'acte de la légiſlation de Tabago, qui établit la cour de chancellerie dans cette colonie. *Cet acte, paſſé le 15 janvier 1787, veut que cette cour ſoit tenue par le gouverneur, l'ordonnateur, & le plus ancien membre du conſeil,* CONJOINTEMENT ET EN- SEMBLE (1). Or, n'eſt-ce pas dire qu'ils ſont in- diviſibles? Le jugement eſt donc nul.

DEUXIÈME QUESTION.

M. de Jobal pouvoit-il m'enlever mon état, que je tenois du vœu unanime de l'aſſemblée coloniale de Tabago, pour avoir réclamé ce qui m'étoit dû par le ſieur Wightman, ſécrétaire de ladite aſ- ſemblée?

Je n'entrerai point dans des diſcuſſions ennuyeuſes, pour prouver qu'un officier public ne peut être deſ- titué de ſes fonctions, à moins de prévarication; mais, dans ce cas, bien loin que j'euſſe à me re- procher une prévarication, on n'avoit pas même à

____

(1) Cette pièce eſt à la liaſſe n°. 2, ſous la cote R.

m'accuſer de la moindre négligence : toujours actif, honnête , & tel que mon état le comportoit , j'en rempliſſois les devoirs. M. de Jobal ne pouvoit donc avoir aucuns prétextes pour exécuter cet acte arbitraire.

TROISIÈME QUESTION.

LA moitié des honoraires du ſecrétaire m'étoit-elle dévolue ?

Nommé par l'aſſemblée coloniale de Tabago député-ſecrétaire , & ſubſtituant toujours le ſecrétaire dans ſes moindres devoirs , les honoraires m'étoient dévolus en entier : d'ailleurs l'immenſe travail de cette aſſemblée , dont les procès-verbaux ſeront remis à l'aſſemblée nationale , ainſi que ſept ou huit regiſtres , tous écrits de ma main , ou par des copiſtes à ma ſolde , qui ſont extraordinairement chers aux colonies , prouveront que 4000 liv. tournois annuellement ne ſont que la juſte rétribution de mes peines ; mais plus déſintéreſſé que celui qui me conteſtoit ma réclamation , je conſentois à faire le ſacrifice de mes droits , & laiſſer l'autre moitié à celui qui n'avoit que le titre , tandis que j'avois le travail.

TROISIÈME CHEF D'ACCUSATION,

Concernant les condamnations injustes & flétrissantes contre le sieur Marc-Antoine Fouquet.

MOYENS.

JE ne me permettrai aucune observation sur ce troisième chef d'accusation , M. de Saint-Laurent ayant expliqué avec la plus grande précision tous les moyens de nullités qui s'y rencontrent , dans un mémoire qu'il avoit préparé , & dont il a bien voulu me donner l'extrait , que j'ai remis à la liasse n°. 3 , sous la cote F.

QUATRIÈME CHEF D'ACCUSATION.

Intervertissement de l'ordre judiciaire ; ordres par écrit adressés à plusieurs citoyens.

MOYENS.

CES ordres sont absolument contraires , tant aux instructions données par sa majesté à ses gouverneurs des colonies , qu'à l'arrêt du 21 mai 1762 , & à l'ordonnance du 10 décembre 1759.

CINQUIÈME CHEF D'ACCUSATION.

Violation du droit des citoyens domiciliés ; affaire du sieur de Saint-Léger.

CE fait est si extraordinaire , qu'il sera inutile de

rapporter aucunes citations : il n'a été inséré dans ce mémoire que pour prouver combien la passion influoit sur ce commandant.

SIXIÈME CHEF D'ACCUSATION.

Intervertissement de l'ordre judiciaire ; interdiction injuste de six mois prononcée contre le sieur Bosque, avocat, par un jugement de la cour du gouvernement, du 25 septembre 1789 ; radiation de son nom du tableau des avocats de toutes les cours existantes à Tabago, sans motifs, ni même accusation, par un jugement de la cour de chancellerie de Tabago, du 25 septembre 1789.

MOYEN DE NULLITÉ.

PREMIÈRE QUESTION.

M. le commandant pouvoit-il composer seul la cour du gouvernement ?

Le tribunal du gouvernement, suivant les loix angloises & les instructions de sa majesté à MM. le comte Dillon & Roume de Saint-Laurent, a toujours été ignoré à Tabago ; mais sa majesté ayant, depuis ces mêmes instructions, ratifié plusieurs jugemens émanés de ce tribunal, il n'étoit plus question que de l'assujettir au mode de ces tri-

bunaux dans les autres colonies françoises qui
portent le nom de tribunaux de l'intendance, afin
qu'il eût la compétence requife. En l'affimilant à
ces tribunaux, il doit être compofé du gouverneur,
de l'ordonnateur, de l'homme du roi : ces trois
membres n'étant pas réunis, ce tribunal ne peut
exifter ; donc le jugement eft nul.

DEUXIÈME QUESTION.

Le défaut de qualité du greffier rendroit-il le
jugement nul, le fieur Fadeuilhe n'étant autorifé à
en faire les fonctions que par ce commandant ?

Par les lettres patentes de fa majefté, du 7 juin
1680, les pouvoirs de nommer aux offices de moindres
confidérations aux colonies, comme notaires,
garde-notes, ou huiffiers, appartenoient à l'intendant feul.

Le réglement du 25 mars 1763 attribue auffi à
l'intendant feul le droit exclufif de propofer à tous
emplois de juftice & civils venant à vaquer dans
les colonies ; en attendant les ordres de fa majefté,
les commiffions à donner par l'intendant devoient
être expédiées au nom du gouverneur & de l'intendant, fans que le gouvernenr pût s'y refufer ; mais il
a été enfuite dérogé à cette difpofition par l'article
3 d'une ordonnance du 25 janvier 1765, qui
donne le droit aux gouverneurs de refufer les fujets

propofés par l'intendant , fauf aux gouverneurs &
intendans à rendre compte en commun de la dif-
férence de leurs opinions ; mais les inftructions de
fa majefté à MM. le comte Dillon & Roume de
Saint-Laurent, adminiftrateurs de Tabago, leur
enjoignant de fe référer au réglement du 25 mars
1763 , le fujet devoit être néceffairement propofé
par l'intendant. Le fieur Fadeuilhe, au contraire,
n'avoit que là fanction de M. de Jobal, qui l'au-
torifoit à remplir les fonctions de greffier : or, le
défaut de qualité de greffier nous offre donc un
autre moyen de nullité contre le jugement de la
cour du gouvernement, du 15 feptembre 1789.

TROISIÈME QUESTION.

M. de Jobal, foit comme compofant la cour
du gouvernement, foit comme gouverneur, foit
comme préfident de toute autre cour, pouvoit-il
m'interdire & m'enlever mon état ?

Le réglement du 24 mars 1763 , article 25 ,
pour les ifles du Vent, conferve aux gouverneurs
le droit de préféance au confeil, pour y repré-
fenter la perfonne de S. M. , & voir ce qui s'y
paffera, pour en rendre compte ; il eft en même
temps défendu à ces officiers de fe mêler en rien
de l'adminiftration de la juftice.

Une lettre du roi, du 2 janvier 1764, particulière

aux gouverneurs de Saint-Dominique, contient les mêmes difpofitions, ainfi que l'arrêt du confeil d'état du roi, du 21 mai 1762.

L'article 24 du réglement de 1763, pour les ifles du Vent, porte que les gouverneurs ne fe mêleront en rien de la juftice, & pourront encore moins s'oppofer aux procédures.

Les inftructions de S. M. B., à fes gouverneurs de Tabago, veulent qu'un officier de juftice ne puiffe être jugé que par fept confeillers, précédés par le gouverneur, & encore doit-il en être rendu compte à S. M. B., pour qu'elle ftatue en définitif.

Les inftructions de S. M., à MM. le comte Dillon & Roume de Saint-Laurent, adminiftrateurs de ladite ifle, à l'article juftice, veulent que, fi les adminiftrateurs s'appperçoivent qu'il y ait du relâchement dans la conduite des officiers des tribunaux fupérieurs, ils provoquent la correction en mercuriale envers ces officiers, & que, fi leur vigilance ne produit pas la réforme néceffaire, ils en rendent compte à S. M., fans qu'ils puiffent fe permettre aucun acte d'autorité envers les perfonnes.

M. de Jobal a donc été réfractaire aux ordonnances, aux réglemens & aux inftructions de S. M., en s'arrogeant un droit qu'il n'avoit pas.

Le jugement du 15 feptembre de la cour, foidifant du gouvernement de Tabago, portant mon interdiction, & celui du 28 du même mois de la cour de chancellerie, font donc nuls.

QUATRIÈME QUESTION.

LE défaut de formalité rend-il lefdits jugemens nuls ?

On aura vu, par l'expofé des faits de ce fixième chef d'accufation, que M. de Jobal n'a obfervé aucunes formes ni à la coûr du gouvernement, ni à celle de la cour de chancellerie, ni aucuns délais ; mais l'article premier de l'ordonnance de 1667 veut qu'il foit donné des ajournemens, & que les citations, en toutes matières & en toutes jurifdictions, foient libellées, & contiennent fommairement les moyens, à peine de nullité.

Suivant les formes des cours angloifes, les motifs qui donnent lieu à la citation devant une cour doivent être contenus au bill en plainte, & le shérif, ou le prévôt-maréchal, doit vous fignifier l'ordre qui vous mande.

Les délais de l'affignation, fuivant le titre 3, article premier, ordonnance de 1667, doivent être au moins de trois jours, &, fuivant les règles de la cour de chancellerie de Tabago, les délais font fixés à huitaine.

Le défaut de formalité rend donc lesdits jugemens nuls.

SEPTIÈME CHEF D'ACCUSATION.

Réclamation des Indiens.

MOYENS.

TANT de moyens se présentent en faveur des Indiens, ou Caraïbes rouges de Tabago, qu'il seroit hors d'œuvre d'ennuyer ici les juges par des citations qui sont connues de toutes les nations.

Je possede, parce que je possede, lorsqu'il n'y a pas titre contraire, suffiroit pour prouver la justice de leurs réclamations ; mais à cet axiome de droit, ils ont la faculté d'annexer un titre qui les rend possesseurs légaux de leurs terreins, auquel ils joignent celui de l'avoir mis en valeur.

RÉSUMÉ

DES CHEFS D'ACCUSATIONS

contenus au présent mémoire.

PREMIER CHEF.

DANS ce premier chef d'accusation, il est prouvé qu'au mépris des loix, des instructions du roi & du droit des gens, les sujets conquis à Tabago, & les anciens François y réſidans, ont vu leur liberté en danger, un habitant aux fers, & les officiers publics privés de défendre l'opprimé, à moins que de s'expoſer à être une ſeconde fois empriſonnés & victimes des perſécutions de M. Jobal, commandant de Tabago.

DEUXIÈME CHEF.

ON rencontre dans ce ſecond chef d'accuſation, concernant le jugement rendu à la requête du ſieur Boſque, contre le ſieur Wightman, 1°. une partialité ſans exemple ; 2°. le mépris des inſtructions du roi, à l'article juſtice, données aux adminiſtrateurs de Tabago ; 3°. l'infraction à l'acte de la légiſlation de ladite iſle, qui établit la cour de chancellerie ; 4°. le mépris des membres de l'aſſemblée coloniale, de qui le ſieur Boſque dépendoit uniquement, en qualité de député-ſecrétaire de ladite aſſemblée, & qui ſeuls pouvoient provoquer ſa deſtitution, à moins de quelques délits ; 5°. la perte qu'il a fait éprouver au ſieur Boſque, d'une ſomme d'environ 4000 livres tournois, ainſi que celle de 2000 livres d'appointemens annuels qui lui étoient dévolus.

TROISIÈME CHEF.

IL eſt prouvé, à ce troiſième chef d'accuſation,

que le sieur Marc-Antoine Fouquet a été injustement condamné, par ce commandant & le sieur
Dangleberme, à une cour de commission à Tabago, comme calomniateur ; en outre, à payer
les frais de l'impression de cinquante exemplaires
de son jugement, pour avoir déposé, sous serment,
sur ce dont il avoit été enquis par un juge de
paix, & que les sieurs Couturier du Haton & le
frère Paterne, accusés d'un vol, & chargés par
la déposition de ce témoin, ont été illégalement
déclarés innocens ; il prouve aussi que M. de Jobal
a interverti l'ordre judiciaire, en défendant à un
avocat d'interjetter appel d'un jugement rendu à
ladite cour de commission, aux jurés d'en prendre
connoissance, & à l'opprimé de parler. Cette accusation prouve aussi un déni de justice formel de
la part des grands-jurés de la cour d'Oïer &
Terminer de Tabago, & une machination, ou
une terreur des juges de ladite cour, qui, sans
entendre ledit Fouquet, l'ont condamné, par leurs
jugemens, à demander pardon, à genoux, aux
juges de la cour de commission, pour s'être plaint
d'une condamnation injuste & infamante.

QUATRIÈME CHEF.

Il est prouvé, en ce chef d'accusation, que M. de
Jobal s'arrogeoit à lui seul tous les droits du pou-

voir judiciaire ; & qu'au mépris des loix, il ne
cessoit de tyranniser tous les citoyens de Tabago,
qui se trouvoient forcés d'obéir à six cents baïon-
nettes qui étoient aux ordres du despote.

CINQUIÈME CHEF.

CE cinquième chef d'accusation offre la preuve
que ni son collègue, ni les officiers de finances,
n'étoient à l'abri de ses actes abusifs d'autorité.

SIXIEME CHEF.

IL est prouvé, par les pièces au soutien de ce
sixième chef d'accusation, que tous les droits de
l'homme & du citoyen ont été violés par ce
commandant.

SEPTIEME CHEF.

L'ON voit dans ce dernier chef d'accusation la
preuve que sept familles d'Indiens, vivant de bonne
foi depuis cinq ans, en cultivant un terrein qui
leur appartient, sont dépossédés par un protégé de
M. de Jobal, & obligés de se disperser & errer dans
les autres colonies & celle de Tabago, après la
perte de leur fortune, qui consistoit uniquement en
divers acres de terre & de leurs cabanes, qu'ils
avoient péniblement construites. L'on y voit aussi

le déni de justice de ce commandant, qui refuse d'en prendre connoissance, malgré les justes réclamations de ces malheureux.

CONCLUSIONS

SUR LES ACCUSATIONS

Contenues au présent mémoire.

PREMIERE ACCUSATION.

JE conclus, 1°. à l'intervention de M. de Chancel, procureur général de Tabago (1); 2°. à ce que l'emprisonnement des sieurs Ruthie, Lefebvre & Bosque, soit déclaré injuste & tortionnaire ; que les écrous portés sur le regiftre de la geole de Tabago, feront biffés publiquement, à l'issue d'une messe paroissiale, célébrée un jour de fête ou dimanche ; & en outre, que M. de Jobal soit condamné à payer 10,000 liv. d'amende, conformément à l'arrêt du 21 mai 1762, & 4000 liv. de dommages ; pour lefdites deux sommes être verfées à la caisse patriotique de Tabago, & réparties en indemnités aux perfonnes qui ont éprouvé des pertes par l'incendie dernièrement arrivé en ladite colonie.

____

(1) M. de Chancel fe trouve actuellement à Angoulême.

DEUXIEME ACCUSATION.

JE conclus à la caſſation du jugement de la cour de chancellerie, rendu entre le ſieur Boſque, député-ſecrétaire de l'aſſemblée coloniale de Tabago, & le ſieur Wightman, ſecrétaire de ladite aſſemblée, le 8 juillet 1789 ; à la réintégration du ſieur Boſque dans ſes fonctions de député-ſecrétaire de l'aſſemblée coloniale de ladite iſle ; &, ſans avoir égard au compromis formé, portant quittance générale, donnée au ſieur Wightman par le ſieur Boſque, & paſſée par-devant M^e. Gauthier, notaire à Tabago, le vingt-neuvième jour du mois de décembre 1789, condamner ledit Wightman à payer au ſieur Boſque, en argent ou quittances, la ſomme de 4000 liv. tournois, pour deux années d'appointemens, en qualité de député-ſecrétaire, & celle de 2762 liv. des colonies, montant d'un compte accepté par ledit ſieur Wightman ; & en outre, condamner les ſieurs de Jobal, Gilbert Pétrie & Charles Wightman, ſolidairement les uns pour les autres, un d'eux ſeul pour tout, à payer audit ſieur Boſque la ſomme de 10,000 liv. tournois, pour lui tenir lieu d'indemnités & de tous dépens, dommages & intérêts.

TROISIEME ACCUSATION.

LE sieur Bosque, au nom & comme porteur de la procuration du sieur Fouquet, conclut, 1°. à la cassation & radiation du jugement de la cour de commission de Tabago, en date du 15 juin 1789, qui condamne injustement, comme calomniateur, ledit Fouquet ; 2°. à la révocation de l'ordre donné par M. de Jobal, le 16 du même mois, & adressé au sieur Bosque, aux jurés de Tabago & au sieur Fouquet ; à ce qu'il soit fait défense au sieur de Jobal, & à tous autres qu'il appartiendra, d'en donnner de pareil à l'avenir ; le déclarer attentatoire aux droits de l'homme & du citoyen : conclut aussi, en la même qualité, à la cassation du jugement à la cour d'Oïer & Terminer de l'isle de Tabago, rendu le 16 juin 1789, contre ledit Fouquet, & à ce que les sieurs Couturier du Haton, frère Paterne, Dangleberme & Jobal, soient condanmés solidairement l'un pour l'autre, un d'eux seul pour le tout, à payer audit Marc-Antoine Fouquet, en forme de réparations civiles, & pour lui tenir lieu de tous dépens, dommages & intérêts, la somme de 30,000 liv. tournois, sauf à l'assemblée nationale, dans sa sagesse, à prendre pour la vindicte publique , telle mesure qu'elle croira convenable contre les accusés.

QUATRIEME ACCUSATION.

JE concus à ce que le fieur de Jobal, conformément à l'arrêt du 21 mai 1762, foit condamné à payer 10,000 livres d'amende, reverfibles à la caiffe des dons patriotiques de Tabago, pour ladite fomme être diftribuée en indemnité à ceux qui ont éprouvé des pertes par l'incendie.

CINQUIEME ACCUSATION.

L'ON ne prendra aucunes conclufions fur un abus d'autorité auffi inoui que repréhenfible, ce fait n'ayant été rapporté qu'afin de faire connoître à l'affemblée nationale l'enfemble des-horreurs que les citoyens de Tabago ont éprouvées de ce commandant.

SIXIEME ACCUSATION.

LE fieur Bofque conclut, 1°. à la caffation & radiation du jugement, portant interdiction de fes fonctions d'avocat pendant fix mois, en date du 15 feptembre 1789, & infcrit fur les minutes de la cour du gouvernement à Tabago; 2°. à la caffation & radiation du jugement du 25 du même mois,

qui

qui ordonne que fon nom fera biffé du tableau des avocats de toutes les cours exiftantes à Tabago, & porté fur les minutes de la cour de chancellerie de Tabago ; 3°. à ce que lefdits fieurs Carminus de Vita, Vidal, Wilfon & Jobal, foient condamnés folidairement les uns pour les autres, un d'eux feul pour le tout, à payer au fieur Bofque, en forme de réparations civiles, & pour lui tenir lieu de tous dépens, dommages & intérêts, la fomme de 50,000 livres tournois.

SEPTIÈME ACCUSATION.

LE fieur Bofque, pour le nommé Louis Radiguoi, nouveau converti & chef de la peuplade des Indiens ou Caraïbes rouges, réfidans à Tabago, conclut à ce que lefdits Indiens foient réintégrés en poffeffion, à la paroiffe Saint-Louis de Man-of-war-bay, près du rivage de la mer, d'une portion de terre, fuffifante à l'entretien & fubfiftance de fept familles, & que ledit fieur Carminus de Vita & le fieur Jobal foient condamnés folidairement, l'un pour l'autre, un d'eux feul pour le tout, à payer audit Radiguoi, comme chef de la peuplade des Indiens de Tabago, & pour leur tenir

D

(50)

lieu de dommage , la fomme de 10,000 livres tournois.

Paris , le 17 juillet 1790.

C. B O S Q U E.

Nota. A la page 6 , ligne 16 , j'ai avancé , qu'ayant adreffé un mémoire au miniftre de la marine, je n'en avois reçu aucune réponfe. Après l'impreffion de cet article , il m'a été remis, par le fieur de Saint-Léger, une lettre de ce miniftre , qui avoit été envoyée à Tabago à mon adreffe ; cette lettre fe trouve à la fuite des pièces fournies en preuves.

J'obferve que dans le mémoire adreffé à M. de la Luzerne , je lui expliquai que le defpotifme régnant à Tabago m'empêchoit de me pourvoir légalement, dans la crainte de nouvelles vexations : que cette raifon m'avoit obligé de m'adreffer directement à lui ; cependant ce miniftre ne m'indique que le feul moyen qu'il m'avoit été impoffible de pratiquer dans une colonie où le defpotifme étoit à fon comble.

Nota. *Pour éviter les frais d'impreffion , nous ne rapporterons ici que quelques pièces, qui feront plus que fuffifantes pour démontrer les horreurs du defpotifme exercé à Tabago ; les autres pièces citées par les notes , feront toutes remifes à l'af-femblée nationale.*

I.

PREUVE DU DEUXIÈME CHEF D'ACCUSATION.

PARDEVANT le notaire royal en l'ifle de Tabago , réfidant en la ville du Port-Louis , paroiffe Saint-André , fouffigné ,

Eft comparu le fieur Charles Bofque , ci-devant avocat en cette ifle , lequel a déclaré que cejourd'hui vingt-neuf dudit mois , & en préfence dudit notaire , il auroit été amené au palais de cette ville , où fe trouvoient plufieurs de fes créanciers , dans le nombre defquels étoit le fieur Wightman , greffier de cette ifle , qui s'eft prétendu auffi créancier , & a voulu s'oppofer au départ du fieur Bofque , à moins qu'il ne voulût lui donner une quittance finale ; que ledit comparant lui a repréfenté , en préfence de plufieurs perfonnes & du notaire fouffigné , que lui , dit fieur Wightman , étoit fon débiteur d'environ fix mille livres , & que la caufe étant devant le roi , il ne pouvoit lui donner la quittance demandée ; mais voyant que le fieur Wightman perfiftoit en fa demande , & dans la crainte de nouvelles oppofitions , il a accepté la propofition , & a paffé un compromis pardevant Me. Gauthier , notaire , contre lequel

D 2

il protefte de tous dépens, dommages, intérêts &
de nullité, comme ayant été forcé de paffer ledit
compromis pour obtenir la liberté; & nous auroit
requis de recevoir lefdites proteftations, & de
les tenir fecrettes jufqu'après fon départ de cette
colonie, qui feront alors fignifiées audit fieur
Wightman, pour fervir au déclarant ce que de
droit; lecture faite, & a figné, le vingt-neuvième
jour du mois de décembre mil fept cent quatre-
vingt-neuf, à trois heures de relevée. *Signés*,
fur la minute, C. BOSQUE, & E. LAFON, notaire.

Collationné,

E. LAFON, notaire royal.

NOUS, Philippe-Rofe Roume de Saint-Laurent,
commiffaire-général-ordonnateur de l'ifle de Tabago & dépendances, certifions & atteftons à tous
qu'il appartiendra, que M^e. Lafon, qui a figné
ci-deffus, eft notaire en cettedite ifle, au feing
duquel foi doit être ajoutée, tant en jugement
que hors; en témoin de quoi nous avons figné
les préfentes, contrefignées par notre fecrétaire,
& à icelles fait appofer le fceau de nos armes.
Donné en notre hôtel, au Port-Louis-Tabago,
le 7 janvier 1790.

ROUME DE SAINT-LAURENT.
Par M. l'ordonnateur,
WYATT.

L.

Port-Louis-Tabago, le 11 février 1790.

JE ne te dirai rien, mon cher Bofque, de ce qui s'eft paffé ici depuis ton abfence; M. de Saint-Laurent, qui veut bien fe charger de la préfente, t'en fera le récit : tu trouveras ci-jointes les pièces duement légalifées ; quoique les proteftations n'aient pas été fignifiées, elles n'en valent pas moins : je les aurois bien notifiées ; mais Wightman, avec qui je travaille, & qui eft intimément lié avec M. le commandant, s'en feroit peut-être fâché, & m'auroit ôté ma place, qui me donne le pain : mais quand j'aurai tout fini avec lui, je les lui fignifierai. Tu fais que l'office de notaire ne rend prefque rien aujourd'hui, Me. Fadeuilhe ayant envahi toutes les places, & par conféquent tous les fuffrages. Quand tu feras à la Martinique, écris-moi de fuite. Adieu, porte-toi bien, & donne-moi ton adreffe à Paris, & fois perfuadé qu'en quelqu'endroit du monde où je puiffe me trouver, je ne t'oublierai pas. *Ofculum amici tibi do.* Tout à toi, bon voyage. Laiffons le tout à la providence, qui ne punit que le méchant.

E. LAFON.

A.

TROISIÈME CHEF D'ACCUSATION.

Procuration par le sieur Fouquet à Me. Bosque.

20 Avril 1790.

PARDEVANT les notaires royaux en l'isle Martinique, résidans en la ville de Saint-Pierre, soussignés.

Fut présent sieur Antoine Fouquet, employé dans les bureaux du domaine en l'isle Tabago, y demeurant ordinairement, étant ce jour en cette ville, logé paroisse Saint-Pierre :

Lequel a, par ces présentes, fait & constitué pour son procureur général & spécial, Mr. Charles Bosque, avocat, demeurant ci-devant en ladite isle de Tabago, étant de présent en cette isle, sur son départ pour France ;

Auquel ledit sieur constituant donne pouvoir de, pour lui & en son nom, se pourvoir, soit par la voie de cassation au conseil privé du roi, ou devant tous autres tribunaux, cours & juges qui en devront connoître, soit par dénonciation à l'assemblée nationale & à son comité des recherches, contre un jugement rendu en la cour de commiſſion de l'iſle Tabago, en date du quinze juin mil ſept cent quatre-vingt-neuf, & contre un autre jugement rendu en la cour d'Oïer & Terminer, & évacuations des priſons de ladite iſle de Tabago, en date du lendemain ſeize du même mois de juin, par leſquels jugemens ledit ſieur conſtituant a été condamné ſans avoir été entendu, ni ſans qu'il ait pu ſe défendre en aucune manière ; ſavoir, par le premier, à payer les frais de l'affiche dudit jugement, à titre de punition & ſous prétexte de grace, avec ordre d'être plus circonſpect à l'avenir ; & par le ſecond, auſſi ſous prétexte de grace, à ſe préſenter à la cour de commiſſion, pour faire des excuſes, & à demander pardon à genoux, & lequel dernier jugement porte en outre que la requête que ledit ſieur conſtituant avoit préſentée pour ſa juſtification, ſeroit préalablement déchirée ; dénoncer auſſi à l'aſſemblée nationale les vexations odieuſes & les abus d'autorité dont on s'eſt ſervi envers ledit ſieur conſtituant, pour le forcer d'acquieſcer & exécuter leſdits jugemens ; requérir ſur le tout la juſtice qui eſt due à tous les citoyens, contre les actes du deſpotiſme, dans un temps où la nation françoiſe a enfin reconnu ſes droits & ceux des membres qui la compoſent ; produire, à l'effet de tout ce que deſſus, ſoit à l'aſſemblée nationale, ſoit à ſa majeſté, toutes

pièces juftificatives , & autres que befoin fera ,
pour prouver lefdits abus d'autorité , les dénis de
juftice , & toutes les procédures irrégulières dont
ledit fieur conftituant a été la victime ; préfenter
& figner tous mémoires , requêtes , écrits qu'il
jugera à propos , le tout , d'après les inftructions
que ledit fieur conftituant lui fournira ; obtenir
tous décrets , arrêts & autres jugemens qui pourront
intervenir , les lever & faire expédier aux formes
requifes , & généralement faire , pour faire rendre
audit fieur conftituant la juftice qui lui eft due ,
& lui obtenir les dommages des torts & vexations
qu'il a éprouvés , tout ce que ledit fieur procureur
conftitué avifera bon être , promettant l'avouer &
avoir tout ce qu'il fera pour agréable , & le ra-
tifier à toutes requifitions , obligeant ; & feront ,
ces préfentes valables , nonobftant furannation &
jufques à révocation expreffe. Fait & paffé à Saint-
Pierre , ès études , l'an mil fept cent quatre-vingt-
dix , le vingt avril après midi ; & a , ledit fieur
conftituant , figné la minute des préfentes , de-
meurée à M^e. Cairoche , l'un des notaires fouffignés.

PETIT. CAIROCHE.

NOUS , Jean Amas Aftorg , avocat en parlement , confeiller du roi , fénéchal de la ville de
Saint-Pierre-Martinique , certifions & atteftons à

tous qu'il appartiendra, que M^es. Petit & Cairoche, qui ont signé ci-dessus, sont notaires royaux en cette isle, & que foi doit être ajoutée à leurs signatures, tant en jugement que dehors : en témoin de quoi nous avons délivré ces présentes, & à icelles fait appofer le fceau de cette colonie, où le papier timbré ni le contrôle ne font point en usage.

Donné en notre hôtel, à Saint-Pierre-Martinique, le 21 avril 1790. A nous 3 liv.

ASTORG.

Et fcellé ledit jour. R. 4 liv. 10 fols.

BORDE.

D.

PREUVES des troisième & quatrième chefs d'accufation.

PREMIÈRE PIÈCE. N°. 1.

Billet de Plaffon.

BON pour 259 liv. 16 fols, que je paierai à André, nègre libre, pour folde de tous fes travaux qu'il a faits pour moi jufqu'à ce jour, le premier juillet 1786. *Signé* PLASSON.

Au dos : *Reçu 52 liv. à compte.*

Au-deſſous : « Ordre à M. Plaſſon de payer dans huit jours le porteur dudit billet ; faute de quoi, je ferai forcé de le punir. 21 août 1787. *Signé au bas*, le chevalier DE JOBAL ».

SECONDE PIÈCE. N°. 2.

ORDRE à M. Boſque de payer, d'ici à huit jours, l'ordre qu'il a contraſté à vue vis-à-vis le fieur Vrignault, fans quoi je ferai obligé de le mettre en priſon jufqu'à parfait paiement. Je l'en préviens, afin qu'il ne vienne pas me tourmenter pour obtenir plus de temps, lui promettant d'avance qu'il ne lui en fera point accordé. Il eſt à ma connoiſſance un autre billet de 334 liv. à M. Vrignault ; M. de Jobal l'engage à s'en occuper lorſqu'il fera échu, afin qu'il ne lui en foit pas porté plainte, fans quoi il s'en fouviendra, & lâchera des ordre contre lui à l'échéance. Port-Louis-Tabago, 21 février 1788. *Signé* le chevalier DE JOBAL.

TROISIEME PIECE. N°. 3.

JE paierai à M. Delgrés ou ordre 288 liv. 2

ſols 4 den., valeur en quittance. Port-Louis , 24 février 1788. *Signé* BOSQUE.

Au-deſſous : « Ordre au ſieur Boſque de payer tout de ſuite le montant dudit billet , ayant ſu qu'il avoit de l'argent pour payer des inſultes dites à la jeuneſſe de ladite iſle ; en conſéquence , ſes dettes doivent être acquittées. *Signé* le chevalier DE JOBAL (1).

QUATRIEME PIECE. N°. 4.

J'AI l'honneur de prévenir M. l'ordonnateur de ne point annoncer d'autres aſſemblées de cour d'Oïer & Terminer , mon intention étant d'en convoquer une au retour de M. de Fontallard , ingénieur en chef de cette iſle , par une nouvelle proclamation.

J'ai auſſi celui de le prévenir , que j'ai remis à M. de Chancel mes intentions , relativement à la tenue de la cour d'Oïer & Terminer. J'ai l'honneur d'être , &c. *Signé* le chevalier DE JOBAL. Port-Louis-Tabago , 16 juin 1789. —— M. l'ordonnateur en l'iſle de Tabago.

____

(1) J'ignore pourquoi M. de Jobal m'a accuſé d'avoir payé des inſultes dites à la jeuneſſe. Jamais je n'ai pu ſavoir ce qu'il avoit voulu dire ; il faut eſpérer qu'il s'expliquera , & alors il ſera facile de me juſtifier.

CINQUIEME PIECE. Nº. 5.

JE donne avis à M. de Chancel, procureur général, que je ferai à mon hôtel tous les jours ; & comme mon intention, en convoquant la cour d'Oïer & Terminer, étoit d'y faire juger feulement l'affaire du fieur Vidal, n'y ayant pas d'autres caufes lors de ma proclamation, je le prie encore de me donner avis, auffi-tôt qu'il en aura connoif-fance, de toutes les caufes qui pourroient y être agitées, autres que celles contenues en fa note, & auparavant que la cour puiffe s'en occuper, ayant été inftruit que je ne devois pas être préfent à la cour. Fait au Port-Louis-Tabago, le 16 juin 1789. *Signé* le chevalier DE JOBAL.

SIXIEME PIECE. Nº. 6.

JE défends au fieur Bofque d'appeller du juge-ment rendu hier à la commiffion, n'ayant pas pris mes ordres, & devant refpecter ce que cette cour à décidé ; & au fieur Fouquet de fe taire, devant être très-heureux de la douceur de ce jugement, & j'invite MM. les jurés à ne pas les-recevoir en plainte, cette affaire étant terminée par MM. les adminiftrateurs & confeillers du roi, établis pour la liquidation des dettes de l'ifle de Tabago envers les étrangers. Port-Louis, 16 juin 1789. *Signé* le chevalier DE JOBAL. *Plus bas* : Si le fieur Coker fe plaint contre le fieur Couturier, il a grand tort ; car, fans lui, je lui faifois une affaire criminelle, étant mauvais fujet : j'invite MM. les jurés à ne pas l'écouter en plainte, & à lui dire de ma part de fe taire, s'il ne veut être puni fortement par moi, qui, dans le temps, lui ai fait grace, & ai bien voulu le garder dans l'ifle. *Signé* le chevalier DE JOBAL.

SEPTIEME PIECE. N°. 7.

DOIT M. Fouquet à Georges Burnett, pour l'impreffion de 50 exemplaires, ordonnés par la cour de commiffion,

ci . . . . 132 liv.

Au bas : « Ordre au fieur Fouquet de payer tout de fuite les 50 exemplaires défignés ci-deffus, d'après le jugement rendu contre lui à la cour de commiffion ; &, s'il s'y refufe, je le préviens que je le punirai fortement. Port-Louis-Tabago, 9 juillet 1789. *Signé* le chevalier DE JOBAL.

Au-deffous : Tabago, 9 juillet. Reçu, &c.

Signé GEORGES BURNETT.

HUITIEME PIECE. N°. 8.

DOIT André, N. L. à Befacies,
Pour deux culottes. . . . . . . 33 liv.
Pour une *dito*. . . . . 12 liv. 7 f. 6 d.

AVOIR	45 liv. 7 f. 6 d.
	22 liv. 10 f.
SOLDE	24 liv. 17 f. 6 d.

Au bas eſt écrit : « Ordre de payer tout de ſuite, ſinon mis à la geole, juſqu'au parfait paiement. 25 août 1789. *Signé* le chevalier DE JOBAL ».

En marge eſt écrit : « Ordre au brigadier de maréchauſſée d'exécuter le préſent ordre tout de ſuite. 29 août 1789. *Signé* le chevalier DE JOBAL.

NEUVIEME PIECE. N°. 9.

JE payerai, à l'ordre de M. Aubert, 49 liv. 10 ſols, valeur dudit ſieur comptant. Port-Louis, 7 avril 1789. *Au bas* eſt une X, autour de laquelle eſt écrit : « Marque ordinaire de Jean Barthelemi, & *au bas* ſont ſignés Bigé, témoin ; Jaccopen, témoin ; & Pouſacq. *Plus bas eſt écrit:* Ordre de payer tout de ſuite, ſinon mis en priſon. *Signé* le chevalier DE JOBAL ».

« Collationné par nous, notaire fouffigné, fur
» les neuf pièces originales, dépofées en notre
» étude, par M. Roume de Saint-Laurent, or-
» donnateur en l'ifle de Tabago. Cejourd'hui
» vingt-trois feptembre 1789.

G A U T I E R, notaire ».

Pour cinq expéditions délivrées à M. de Saint-
Laurent.

Nous, commiffaire-général-ordonnateur de
l'ifle de Tabago & dépendances, certifions & atteftons à tous ceux qu'il appartiendra, que la fignature appofée ci-deffus eft celle de M^e. Gau-
tier, notaire en cette ifle, & que foi doit être
ajoutée à tout ce qu'il figne en cette qualité, tant
en jugement que hors.

Donné en notre hôtel, fous le fceau de nos
armes & le contre-feing de notre fecrétaire, au
Port-Louis de Tabago, le 16 décembre 1789.

ROUME DE SAINT-LAURENT.

Par M. l'ordonnateur,

W I A T T.

PREUVE DU SIXIÈME CHEF D'ACCUSATION.

EXTRAIT d'une lettre écrite par M. Soalhat de Fontallard, à M. Archibald Moor Lyon.

MONSIEUR,

J'AI reçu hier des ordres de préparer deux logemens au fort : comme je préfume que c'eft pour vous & M. Bofque, je vous en donne avis, afin de vous éviter cette chofe défagréable ; j'ai pris de M. Carme la copie de votre protêt, qui a été envoyé pour empêcher de le montrer au commandant.

Ce protêt eft rempli de phrafes offençantes contre M. de Jobal, &c. s'il le voit, il ne peut manquer de vous envoyer tous deux au fort, d'où il fera difficile de fortir ; il n'eft pas trop tard de changer ou fupprimer les phrafes, & je vous confeille de le faire pour votre tranquillité.

Le fieur Vidal fe qualifiant, &c. cette phrafe eft folle, parce que c'eft moi qui a verifié l'arpentage, & non M. Vidal.

M. Vidal

M. Vidal étant encore arpenteur général par ordre de M. le commandant en chef, ce n'eſt pas votre affaire d'en demander raiſon, puiſque pluſieurs meſſieurs de cette iſle l'ont employé depuis peu, & n'ont nullement objecté contre lui pour avoir pris ce titre, *ledit Vidal s'eſt arrogé le droit*, &c. il a la choſe, ayant été décidé par M. le comte Dillon, le 9 mai dernier. M. Vidal a copié exactement mon plan, & j'en ai certifié les différentes parties.

Le requérant, grevé par cet acte, &c. Le général a réglé que M. Carmé payeroit deux moëdes & demi par acre de terrein que M. Lyon feroit obligé d'abandonner par nouveau réglement ; & c'eſt d'après cela que M. Vidal a agi : ainſi, vous allez contre les ordres du gouverneur, & à préſent vous agirez contre ceux de M. de Jobal, qui a rétabli M. Vidal dans ſa charge : réfléchiſſez ſur tout ceci, & agiſſez en conſéquence.

J'ai l'honneur d'être votre très - humble & obéiſſant ſerviteur.

Signé SOALHAT DE FONTALLARD.

Certifié véritable. Port–Louis, le 15 ſeptembre 1789. *Signés* ARCHIBALD, MOOR, LYON. Paraphé *ne varietur*, le 17 ſeptembre 1789. *Signé* E. LAFOND.

Je souffigné, interprète général de l'ifle de Tabago, certifie que la préfente traduction ci-deffus, & de l'autre part, d'une copie notariée, fignée E. Lafond, eft fidèle & véritable. Au Port-Louis, le 23 feptembre 1789. *Signé* E. S. LÉGER.

Collationné, E. LAFOND, notaire royal.

NOUS, commiffaire-général-ordonnateur de l'ifle de Tabago & dépendances, certifions & atteftons à tous ceux qu'il appartiendra, que la fignature appofée ci-deffus, eft celle de M. Lafond, notaire en cette ifle, & que foi doit être ajoutée à tout ce qu'il figne en cette qualité, tant en jugement que hors.

Donné en notre hôtel, fous le fceau de nos armes, & le contre-feing de notre fecrétaire, au Port-Louis de Tabago, le 16 décembre 1789.

ROUME DE SAINT-LAURENT.

Par M. l'ordonnateur,

WYATT.

Sixième chef d'accusation.

Séance de la cour de chancellerie, au Port-Louis, le 28 septembre 1789, en a été extrait ce qui suit ; savoir : préfens,

M. le chevalier de Jobal, commandant en chef ;

Roume de Saint-Laurent, commiffaire-général-ordonnateur ;

Wilfon, confeiller.

M. le commandant a obfervé à la cour que, par rapport à la mauvaife conduite du fieur Bofque, il avoit été interdit de fes fonctions d'avocat pour l'efpace de fix mois ; mais en confidération de l'avis de M. l'ordonnateur, cette interdiction fut réduite à un mois : mais voyant que le fieur Bofque avoit la hardieffe de prendre fa place, il demande l'avis de la cour, s'il n'avoit pas le pouvoir de rayer fon nom de la lifte des avocats en cette cour.

M. l'ordonnateur s'étant levé, a dit qu'il devoit fe juftifier publiquement de l'imputation que vient de lui faire M. le commandant : que voici comme les chofes fe font paffées, le jour que la lettre de MM. les adminiſtrateurs de la Martinique, le 9 ſeptembre, adreſſée à MM. les adminiſtrateurs de Tabago, arriva ; après que cette lettre eut été lue, parmi différentes choſes qui furent dites à cette occaſion, M. le commandant propoſa à M. l'ordonnateur de décider lui-même la punition que méritoit le ſieur Boſque, pour avoir fait un protêt, en conſéquence duquel protêt le ſieur Boſque fût interdit ; que M. l'ordonnateur dit à M. le commandant qu'il faudroit que lui, l'ordonnateur, fût le plus lâche de tous les hommes, s'il ordonnoît aucune punition au ſieur Boſque, pour ce protêt, par la raiſon que lui, ledit ſieur Boſque, étoit venu le trouver, en ſadite qualité d'ordonnateur, pour le prier de lire ledit protêt avant qu'il le remît au notaire, & le ſuppliant, s'il y trouvoit aucune choſe malhonnête ou déplacée, de l'en avertir, afin qu'il pût le corriger ; que l'ordonnateur avoit, en conſéquence, lu le protêt par deux fois, & n'y avoit rien trouvé de repréhenſible, & lui avoit dit qu'il pouvoit le remettre au notaire, tel qu'il étoit ; qu'alors M. le commandant ayant engagé de nouveau l'ordonnateur de vouloir bien décider lui-même l'affaire, l'ordonnateur, dans l'intention de ne point faire d'obſtacle aux vues de la pacification propoſée par MM. les adminiſ-trateurs de la Martinique, dit à M. le commandant qu'il croyoit que l'interdiction du fieur Bofque devoit finir au jour de la prochaine féance de la cour de la chancellerie ; que M. le commandant dit que cela ne fuffifoit pas , & qu'il le releveroit de fon interdiction dans un mois.

L'ordonnateur obferve à la cour , que ce qui fut dit entre M. le commandant & lui , ne peut influer en rien fur les droits du fieur Bofque , & que du moment que le fieur Bofque fe préfente en cette cour pour y remplir fes fonctions d'avocat, l'opinion de M. l'ordonnateur , fondée fur la juf-tice , les loix, les droits des citoyens & ceux des officiers publics, eft que le fieur Bofque ne peut pas être détourné de remplir fes fonctions , à moins qu'il n'y ait un jugement contre lui prononcé par cette cour ou par aucune autre cour légale & com-pétente , felon les formes prefcrites par les loix.

C'eft pourquoi M. l'ordonnateur , en fadite qualité, réclame , au nom du roi , la juftice qui eft due au fieur Bofque , & protefte , en fadite qualité & audit nom , contre tout ce qui fe fera de contraire auxdits droits.

M. le procureur général ayant demandé d'être entendu au nom du roi, a dit que le fieur Bofque étant avocat en la cour de chancellerie , & fe préfentant afin de remplir le devoir de fon état, ne peut être chaffé par M. le commandant en

chef, préfidant cette cour , fans qu'elle ait eu connoiffance des motifs d'une pareille expulfion , &
fans qu'elle ait jugé leur légitimité ; qu'il ne doute
point de la pureté des intentions de M. le commandant , mais que fa religion a pu plus facilement
être furprife dans un acte auffi important , & qu'il
a fait feul ; que ne le feroit celle d'un tribunal
légalement affemblé , & auquel appartient le fieur
Bofque en fa qualité d'avocat ; & M. le procureur
général a requis que la connoiffance des motifs
fur lefquels le fieur Bofque a été interdit par
M. le commandant, foient donnés à la cour , &
qu'elle délibère fur le point de favoir fi le fieur
Bofque devoit être admis , & ce que M. le procureur
général a déclaré dire fous toutes les réferves de
droit.

M. Wilfon , prenant la parole , a dit qu'il étoit
ignorant de toute l'affaire du fieur Bofque ; il donne
feulement fon opinion, qu'il croyoit qu'il eft dans le
pouvoir de M. le commandant, comme chancelier,
d'interdire le fieur Bofque, ou aucun autre avocat
de la cour de chancellerie , qui fe fera mal con-
duit , en donnant fes raifons.

M. le chancelier a pris la parole , & a dit que
le fieur Bofque ayant été interdit pour un mois ,
prouve qu'il ne reconnoît point l'autorité du chancelier de la cour , s'étant préfenté en robe pour

y tenir fa place ; M. le commandant eft fort aifé
d'obferver l'indécence de fes défenfeurs, qui n'ont
pu que l'engager à cette démarche déplacée dans
un lieu fi refpectable , ce qu'il n'auroit pas ofé
faire , s'il ne s'étoit pas fenti foutenu par M. l'ordonnateur & par M. de Chancel, procureur général ; en conféquence , il prononce , en fa qualité
de chancelier , en attendant les ordres du roi ,
fur-tout d'après les comptes qu'il en a déjà rendu
au miniftre , par fa lettre du 22 feptembre 1789 ,
que le fieur Bofque foit rayé du tableau des avocats ,
appuyant fon droit fur ce que ledit fieur Bofque
n'a de commiffion d'avocat que de M. Roume de
Saint-Laurent & M. le chevalier de Jobal , fur-tout
M. Wilfon , confeiller fiégeant à ladite féance ,
ayant donné fon avis comme il dit ci-deffus , lui
défendant , en fa qualité de chancelier & préfident
de toutes les cours exiftantes à Tabago , de fe
préfenter à l'avenir , fous peine d'être chaffé de
l'ifle , comme rebelle à fes ordres ; fe réfervant de
rendre compte au miniftre de fa conduite à ce
fujet.

M. l'ordonnateur a pris la parole , & a dit :
je prends acte par ces préfentes , que les opinions
que vient de donner M. le commandant en chef
& M. Wilfon , entraînent néceffairement la dif-
folution de la cour de chancellerie de Tabago ,

par la raiſon que, d'après les inſtructions données par ſa majeſté à MM. le comte Dillon & Roume de Saint-Laurent, il fut paſſé un acte, par la légiſlation de cette colonie, pour établir la cour de chancellerie de Tabago, telle qu'elle doit être actuellement ; en vertu de cet acte, le chancelier eſt compoſé de trois perſonnes ; ſavoir, les deux anciens adminiſtrateurs & le plus ancien des membres du conſeil ; qu'en conſéquence dudit acte, M. le commandant n'a qu'un tiers de droits & facultés de chancelier, & que la déciſion de ces deux meſſieurs, réuniſſant en M. le commandant ſeul toutes les facultés de chancelier, comme j'ai dit, annulle la cour de chancellerie de Tabago, & eſt une violation directe, tant des inſtructions de ſa majeſté que dudit acte de la légiſlation de Tabago.

C'eſt pourquoi M. l'ordonnateur dit que s'il ne ſe retire point de la cour, ce n'eſt que pour ne pas empêcher le cours de toute juſtice à Tabago, & dans l'eſpérance que ſa majeſté daignera, lorſqu'elle aura été ſuffiſamment inſtruite de la nature des choſes, en annullant tout ce qui ſera fait, par ledit tribunal, de contraire aux droits des citoyens, & aux loix qui régiſſent la colonie, confirmer au contraire tout ce qui ſera fait en conformité dudit droit & deſdites loix, malgré l'incompétence & même la nullité du tribunal.

M. le commandant , ayant repris la parole , a observé qu'un avocat de plus ou de moins , fur-tout comme le fieur Bofque, qui auroit dû être rayé du tableau, pour avoir infulté grièvement MM. du comité intermédiaire , qui ont porté leurs plaintes à ce fujet à M. l'ordonnateur, & qu'il ne s'eft contenté que d'en rire pour réparation ; ces meffieurs ont été vivement humiliés ; il ajoute de plus , qu'il étoit bien affuré que ces meffieurs fe feroient conduits de même , s'entendant pour contre-carrer en tout M. le commandant en chef, ce qui lui fait efpérer que le roi mettra ordre à ce manque d'égards & de refpect dû à fa place par tous les individus ; en conféquence, il perfifte, au nom du roi, que le fieur Bofque foit rayé du tableau des avocats de toutes les cours exiftantes à Tabago.

M. le procureur général a pris la parole , & a dit qu'il eft très-fenfible de l'imputation que lui fait M. le commandant, d'être entré dans aucunes affociations pour le contre-carrer ; que le contraire eft prouvé par la lettre qu'il a écrite à M. le commandant, en lui demandant un congé pour France, qui lui a été refufé , ce qu'il n'auroit pas fait, s'il eût été animé par l'efprit du parti qui lui eft reproché.

M. l'ordonnateur , prenant la parole , a dit : le fieur Bofque ayant demandé à la cour qu'il fût fait une enquête de ſes vie & mœurs, afin qu'il pût ſe diſculper des imputations de M. le commandant en chef, contre lui, & M. le commandant en chef ayant refuſé, je lui demandai s'il permettoit au ſieur Boſque d'en prendre acte des minutes de la cour; il a répondu que non : c'eſt pourquoi, en madite qualité d'ordonnateur, & pour le maintien des droits des citoyens, je prends acte de ladite demande & dudit refus.

M. le procureur général a pris le même acte.

A quoi M. le commandant a répliqué, pour la dernière fois, que la réunion de ces deux meſſieurs prouve ce qu'il a avancé relativement à ce qu'il a dit, qu'il étoit contre-carré par ces meſſieurs, & que l'enquête demandée ne peut être qu'imparfaite, vu qu'il ne doit aucun compte de ſa conduite ni de ſes raiſons à perſonne, qu'au roi ſeul, & qu'il va inſtruire tout de ſuite. *Signé à la minute*, le chevalier DE JOBAL, chancelier ; ROUME DE SAINT - LAURENT, & WILSON, conſeiller.

Pour copie conforme à la minute, de laquelle la préſente a été extraite, ce 28 ſeptembre 1789.

Signé C. WIGHTMAN, ſecrétaire.

Pour copie collationnée,

E. LAFOND.

NOUS, commiffaire-général-ordonnateur, certifions & atteftons à tous ceux qu'il appartiendra,
que la fignature appofée ci - deffus eft celle de
Me. Lafond, notaire en cette ifle, & que foi doit
être ajoutée à tout ce qu'il figne en cette qualité,
tant en jugement que hors.

Donné en notre hôtel, fous le fceau de nos
armes, & le contre-feing de notre fecrétaire. Au
Port-Louis-Tabago, le 16 décembre 1789.

ROUME DE SAINT-LAURENT.

Par M. l'ordonnateur,

WYATT.

TABAGO.

Réclamatton contre un jugement de la commiffion.

A Paris, le 6 novembre 1789.

J'AI reçu, Monfieur, avec votre lettre du 23
juillet dernier, une requête, par laquelle vous ré-
clamez contre un jugement rendu par la cour de
chancellerie de Tabago, dans une difcuffion d'intérêt entre vous & le fieur Wightman, fecrétaire
de l'affemblée coloniale, & greffier de la chancellerie. Cette affaire eft entièrement du reffort des

tribunaux, & c'est pardevant eux que vous devez vous pourvoir. Je ne pourrois en prendre connoiffance que dans le cas où elle feroit portée au confeil d'état.

Je fuis, Monfieur, entièrement à vous.

LA LUZERNE.

A Monfieur BOSQUE,

à Tabago.

NOUS, commiffaires nommés par l'affemblée générale, fection de la Bibliothèque (ci-devant des filles Saint-Thomas), à l'effet de collationner les pièces juftificatives ci-deffus & des autres parts, certifions qu'elles font conformes aux originaux qui nous ont été préfentés par le fieur Bofque. A Paris, le 25 novembre 1790. J. HUGOU, J. C. MAGOL, LAVALLÉE, VETRY, notables adjoints, L. MILLY.

FIN.

www.ingramcontent.com/pod-product-compliance
Ingram Content Group UK Ltd.
Pitfield, Milton Keynes, MK11 3LW, UK
UKHW021218230726
13926UKWH00003B/1102